D1622836

•Les aventures avec Nicolas•

La chatte perdue

•Adventures with Nicholas•

The Missing Cat

Illustrated by Chris Demarest

Berlitz Publishing
New York   Munich   Singapore

Contacting the Editors
Every effort has been made to provide accurate information in this publication, but changes are inevitable. The publisher cannot be responsible for any resulting loss, inconvenience or injury. We would appreciate it if readers would call our attention to any errors or outdated information by contacting Berlitz Publishing, 193 Morris Ave., Springfield, NJ 07081, USA. Fax: 1-908-206-1103, email: comments@berlitzbooks.com

Second Printing: December 2006
Printed in China

Berlitz Trademark Reg. U.S. Patent Office and other countries. Marca Registrada. Used under license from Berlitz Investment Corporation

Berlitz Kids is a trademark of, and the Berlitz name and logotype are registered trademarks of, Berlitz Investment Corporation. Used under license.

Dear Parents,

The *Adventures with Nicholas* stories will create hours of fun and productive learning for you and your child. Children love sharing books with adults, and story-based learning is a natural way for your child to develop second language skills in an enjoyable and entertaining way.

In 1878, Professor Maximilian Berlitz had a revolutionary idea about making language learning accessible and enjoyable. Today Berlitz Kids™ products combine his time-tested principles with up-to-date research to ensure that children have the greatest possible success in learning a second language.

Just as listening to stories develops children's first-language skills, it is also one of the best ways to develop their knowledge of a second language. By the time children are about four years old, they usually enjoy hearing stories for as long as 15 minutes.

The materials you are holding in your hands—*Adventures with Nicholas*—are an engaging, positive way to present a second language to children. Each of the eight episodes presents foreign-language words gradually, in context. The content and vocabulary have been carefully chosen to draw your child into the story. Use these materials with your child any time: as a play activity, during quiet time, or in the bedtime story hour.

On the audio program your child will hear the story with wonderful sound effects. Your child will also hear entertaining and memorable songs. The songs are not just fun. Language experts say that singing songs helps kids learn the sounds of a new language more easily. What's more, an audio dictionary helps your child learn the pronunciation of important words.

As you listen to the stories, keep the mood light and easygoing, and take your cues from your child. Soon you'll be surprised by your child's increasing fluency.

Welcome!

The Editors at Berlitz Kids™

Où est Princesse?

Where Is Princess?

Nicolas aime sa chatte.
Elle s'appelle Princesse.

Nicholas loves his cat.
Her name is Princess.

— Ah, non!
Où est Princesse?

"Oh, no!
Where is Princess?"

Jean est le frère de Nicolas.
— Hé! Jean! Où est Princesse?
— Je ne sais pas.

John is Nicholas's brother.
"Hi, John, where is Princess?"
"I don't know."

— Bonjour, maman. Où est Princesse?
— Je ne sais pas.

"Good morning, Mom. Where is Princess?"
"I don't know."

Marie est la soeur de Nicolas.
— Hé! Marie! Où est Princesse?
— Je ne sais pas.

Maria is Nicholas's sister.
"Hi, Maria, where is Princess?"
"I don't know."

— Bonjour, papa. Où est Princesse? demande Nicolas.
— Je ne sais pas. Allons la chercher, dit son papa.
— Je veux aller la chercher, moi aussi, dit Marie.
Alors, Nicolas, Marie et leur papa vont chercher
   Princesse.

"Good morning, Dad. Where is Princess?" asks Nicholas.
"I don't know. Let's go look for her," says his dad.
"I want to go, too," says Maria.
So, Nicholas, Maria, and their dad go out to look for Princess.

② À la recherche de Princesse

Looking for Princess

Nicolas, Marie et leur papa cherchent Princesse.
— Princesse! Où es-tu?
— Princesse! Où es-tu?
— Princesse! Où es-tu?

Nicholas, Maria, and their dad are looking for Princess.
"Princess, where are you?"
"Princess, where are you?"
"Princess, where are you?"

Ils cherchent par-ci.

They look here.

Ils cherchent par-là.

They look there.

Ils cherchent partout.

They look everywhere.

Nicolas ne voit pas Princesse.

Mais il voit bien de bonnes choses à manger!

— J'ai faim, dit Nicolas.

— J'ai soif, dit son papa.

— J'ai faim et soif, dit Marie.

Nicholas doesn't see Princess.
But he does see food!
"I'm hungry," says Nicholas.
"I'm thirsty," says his dad.
"I'm hungry and thirsty," says Maria.

— Veux-tu une pomme?
— Non. Je ne veux pas de pomme, dit Nicolas.
— Veux-tu du raisin?
— Non. Je ne veux pas de raisin.

"Do you want an apple?"
"No. I don't want an apple," says Nicholas.
"Do you want some grapes?"
"No. I don't want any grapes."

— Que veux-tu?
— Je voudrais une banane, dit Nicolas.
— Ah! C'est bon. Merci, papa!
— Je t'en prie, Nicolas.

"What do you want?"
"I want a banana!" says Nicholas.
"Mmm! That's good. Thanks, Dad!"
"You're welcome, Nicholas!"

Bonjour, Monsieur. Je cherche ma
   chatte.
Elle s'appelle Princesse.
Savez-vous où elle est?

"Hello. I'm looking for my cat.
Her name is Princess.
Do you know where she is?"

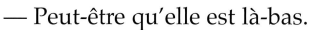

— Peut-être qu'elle est là-bas.
— Papa, cherchons là-bas, dit Nicolas.
— Bonne idée, disent son papa et Marie.
Et ils y vont.

"Maybe she's over there."
"Dad, let's look over there," says Nicholas.
"Good idea," say his dad and Maria.
And away they go.

3 Le dessin de Princesse

Princess's Picture

— Viens, Nicolas.
Cherchons quelqu'un pour
nous aider.
— Ma chatte est perdue, dit Nicolas.
Pouvez-vous m'aider?

"Come on, Nicholas.
Let's get help."
"My cat is lost," says Nicholas.
"Can you please help me?"

— Bien sûr, je peux t'aider.
Est-ce que ta chatte est grosse ou petite, Nicolas?
— Elle est petite, dit Nicolas.

"Sure, I can help you.
Is your cat big or little, Nicholas?"
"She's little," says Nicholas.

— Est-elle blanche?
— Non. Elle n'est pas
   blanche.

"Is she white?"
"No. She isn't white."

— Est-elle noire?
— Non. Elle n'est pas
  noire.

"Is she black?"
"No. She isn't black."

— Est-elle rose?
— Non, non! Elle n'est pas rose.
Princesse est orange.

"Is she pink?"
"No, no! She isn't pink!
Princess is orange."

— Oui, ça c'est Princesse! Merci!
— De rien. Affichons ces dessins
    partout dans la ville.
Et c'est ce qu'ils font.

"Yes, that's Princess! Thank you!"
"You're welcome. Let's put these pictures
    all around the town."
And that's what they do.

④ **Dix Princesses**

Ten Princesses

—Allons à la bibliothèque, papa.
Beaucoup de gens vont à la bibliothèque.

*"Let's go to the library, Dad.
Lots of people go to the library."*

— Allons au bureau de poste, dit le papa
   de Nicolas.
Beaucoup de gens vont au bureau de poste.
— C'est vrai, dit Marie.

"Let's go to the post office," says Nicholas's dad.
"Lots of people go to the post office."
"That's right," says Maria.

— Allons à l'hôtel.
Beaucoup de gens vont à l'hôtel.

"Let's go to the hotel.
Lots of people go to the hotel."

— Allons à l'épicerie et à la boulangerie.
Beaucoup de gens vont là aussi.

*"Let's go to the grocery store and the bakery.
Lots of people go there, too."*

Ils font le tour de la ville.
— Merci de votre aide, dit Nicolas.
— Merci beaucoup, dit Marie.
— À votre service!

They go all round the town.
"Thank you for helping," says Nicholas.
"Thank you very much!" says Maria.
"You're welcome!"

Nicolas compte.
— Un, deux, trois, quatre, cinq,
    six, sept, huit, neuf, dix.
Dix dessins de Princesse!
Nicolas et Marie reprennent déjà l'espoir.

Nicholas counts.
"One, two, three, four, five,
    six, seven, eight, nine, ten.
Ten pictures of Princess!"
Nicholas and Maria feel better already.

5 À la caserne de pompiers

At the Firehouse

—Nous avons encore un dessin.
Apportons-le à la caserne de pompiers, dit Nicolas.

"We have one more picture.
Let's take it to the firehouse," says Nicholas.

— Bonjour, Monsieur. Pouvez-vous nous aider? demande Nicolas.

— Y a-t-il un incendie?

— Non, je cherche ma chatte.

— Est-ce que ta chatte a pris feu?

— Non. Elle est perdue.

— Elle ressemble à ce dessin, dit le papa de Nicolas.

"Hello. Can you help us?" asks Nicholas.
"Is there a fire?"
"No. I'm looking for my cat."
"Is your cat on fire?"
"No, she's lost."
"She looks like this," says Nicholas's dad.

— Hmmm. Voyons.
Dimanche, aucun chat.
Lundi, aucun chat.

"Hmmm. Let me see.
On Sunday, no cat.
On Monday, no cat

31

Mardi, aucun chat.
Mercredi, aucun chat.
Jeudi, aucun chat.
Vendredi, aucun chat.

On Tuesday, no cat.
On Wednesday, no cat.
On Thursday, no cat.
On Friday, no cat."

— C'est aujourd'hui samedi.
Aujourd'hui, aucun chat.
Toute la semaine, aucun chat.
Je regrette. Je ne peux pas vous aider.
Mais avertissez-moi si vous voyez un incendie.

"Today is Saturday.
No cat today.
No cat all week.
I'm sorry. I can't help you.
But call me if you see a fire."

— Personne ne sait où trouver Princesse, dit Nicolas.

— Princesse nous manque toujours.

— Il ne faut pas désespérer, dit son papa.

— Il ne faut pas désespérer, dit sa soeur.

Nicolas sourit.

Mais il réfléchit et se dit: — Je regrette toujours Princesse.

"No one can find Princess," says Nicholas.
"Princess is still lost."
"Don't give up," says his dad.
"Don't give up," says his sister.
Nicholas smiles.
But he thinks, "I still miss Princess."

6 Souvenirs de Princesse

Remembering Princess

Nicolas garde de beaux souvenirs de sa chatte.
—Au printemps, Princesse aime les fleurs.
Elle joue dans le jardin.

Nicholas remembers his cat.
"In the spring, Princess likes the flowers.
She plays in the garden."

— En été, Princesse aime les poissons.
Elle joue sur les bords de l'étang.
Mais elle n'aime pas se tremper dans l'eau.

"In the summer, Princess likes the fish.
She plays by the pond.
But she doesn't like to get wet!"

— En automne, elle aime les feuilles.
Elle joue dans les arbres.

*"In the fall, she likes the leaves.
She plays in the trees."*

— En hiver, Princesse aime la neige.
Elle joue avec moi.

*"In the winter, Princess likes the snow.
She plays with me."*

— Regardez qui arrive!
Et regardez ce qu'il porte dans les bras!
Bonjour. C'est Princesse dedans? demande Nicolas.
— Non, Nicolas, malheureusement pas.
Ce n'est pas Princesse.

"Look who's coming!
And look what he's carrying!
Hello. Is Princess in there?" asks Nicholas.
"No, Nicholas, I'm sorry.
It's not Princess."

— Mais j'ai bien un chat.
Il est tout mignon
	et il a besoin d'un foyer.
Peux-tu le prendre chez toi?
— Oui, oui, dit Nicolas.
Et voilà comment Nicolas trouve
	son nouveau chat.

"But I do have a cat.
He's very cute,
	and he needs a home.
Can you take him in?"
"Yes, yes," says Nicholas.
And that is how Nicholas gets
	his new cat.

7 Un chat, deux chats

One Cat, Two Cats

Nicolas appelle sa maman.
— Maman! Regarde!
Nous avons un nouveau chaton.
— Bon! dit maman.
Nicolas appelle son frère.
— Jean! Regarde!
Nous avons un nouveau chaton.
— Bon! dit Jean.

Nicholas calls his mom.
"Mom! Look!
We have a new kitten."
"Great!" says Mom.
Nicholas calls his brother.
"John! Look!
We have a new kitten."
"Great!" says John.

Le chaton fait le tour
    de la maison.
Il joue dans la cuisine.
Il court de-ci de-là.
Il trouve de la nourriture.
— Il l'aime, dit Nicolas.

The kitten looks all around the house.
He plays in the kitchen.
He runs around and around.
He finds some food.
"He likes it," says Nicholas.

Le chaton joue dans le salon.
Il trouve son lit.
— Il l'aime, dit Nicolas.

The kitten plays in the living room.
He finds his bed.
"He likes it," says Nicholas.

Le chaton joue dans la salle de bains.
Il saute et redescend partout tout en courant.
Il trouve une souris en feutre.
— Il l'aime. Il l'aime beaucoup.

The kitten plays in the bathroom.
He runs up and down.
He finds a toy mouse.
"He likes it. He likes it a lot."

Le chaton joue dans la chambre à coucher.
Il court de-ci de-là,
    au dedans et au dehors,
    de haut en bas.
Regardez ce qu'il trouve!

The kitten plays in the bedroom.
He runs around and around,
    in and out,
    and up and down.
Look what he finds!

Princesse!
— Princesse, je t'aime, dit Nicolas.
— Je t'aime, moi aussi, dit Marie.
— Moi, aussi, je t'aime, dit Jean.

Princess!
"Princess, I love you," says Nicholas.
"I love you, too," says Maria.
"I love you, too," says John.

— Regarde, maman! Regarde, papa!
C'est Princesse!
Princesse aime bien le chaton.
Le chaton aime Princesse également.
Et Nicolas est bien heureux.

"Look, Mom! Look, Dad!
It's Princess!"
Princess likes the kitten.
The kitten likes Princess, too.
And Nicholas feels very, very happy.

La fête

The Party

— Maintenant nous avons deux chats, dit Nicolas.

— Faisons une fête!

— D'accord, dit maman. Préparons une fête pour
sept heures du soir.

"Now we have two cats," says Nicholas.
"Let's celebrate!"
"Yes," says Mom. "Let's have a party at seven o'clock."

— Papa, est-ce qu'on peut commencer la fête
   maintenant? demande Nicolas.
— Non, Nicolas. Il n'est que cinq heures du soir.
On va commencer la fête dans deux heures.

"Dad, can we start the party now?" asks Nicholas.
"No, Nicholas, it's only five o'clock.
The party starts in two hours."

— Marie, est-ce qu'on peut commencer la fête maintenant?
— Non, Nicolas, il n'est que six heures du soir.
On va commencer la fête dans une heure.

"Maria, can we start the party now?"
"No, Nicholas, it's only six o'clock.
The party starts in one hour."

— Vivent les fêtes! Il est sept heures.
C'est l'heure de notre fête! dit Nicolas.

"Hooray! It's seven o'clock.
It's time for the party!" says Nicholas.

— Est-ce que je peux prendre une glace? demande
　　Nicolas.
— Moi aussi? demande Jean.
— Oui, dit maman.
— Est-ce que je peux prendre un morceau de gâteau?
　　demande Nicolas.
— Moi aussi? demande Jean.
— Oui, dit maman.

"May I have some ice cream?" asks Nicholas
"Me too?" asks John.
"Yes," says Mom.
"May I have some cake?" asks Nicholas.
"Me too?" asks John.
"Yes," says Mom.

— Quelle belle fête! dit Marie.
— Nous avons de la chance! dit Nicolas.
— Nous sommes une grande famille heureuse!

"What a great party!" says Maria.
"We're so lucky!" says Nicholas.
"We're one big, happy family!"

Song Lyrics

Song to Accompany Story 1

Miaou! *(Meow!)*

[Sung to the tune of "Oh Where, Oh Where Has My Little Dog Gone?"]

Oh par où, oh par où
Ma chatonne est-elle allée?
Par où ma chatonne
Est-elle passée?
Ses oreilles sont courtes,
Et sa queue est si longue,
Je crois qu'elle est là-haut dans un arbre!
MIAOU!

Oh par où, oh par où
Ma chatonne est-elle allée?
Par où ma chatonne
Est-elle passée?
Ses oreilles sont courtes,
Et sa queue est si longue,
Je crois qu'elle est sous le tapis!
MIAOU!

Oh par où, oh par où
Ma chatonne est-elle allée?
Par où ma chatonne
Est-elle passée?
Ses oreilles sont courtes,
Et sa queue est si longue,
Je crois qu'elle conduit la voiture!
BOUM!

Oh par où, oh par où
Ma chatonne est-elle allée?
Par où ma chatonne
Est-elle passée?
Ses oreilles sont courtes,
Et sa queue est si longue,
Je crois qu'elle est en pleine mer!
OHÉ!

Oh par où, oh par où
Ma chatonne est-elle allée?
Par où ma chatonne
Est-elle passée?
Ses oreilles sont courtes,
Et sa queue est si longue,
Par où ma chatonne,
Est-elle passée?
MIAOU!

Oh where, oh where
Has my little cat gone?
Oh where,
oh where can she be?
With her ears so short,
And her tail so long,
I think she's up in a tree!
MEOW!

Oh where, oh where
Has my little cat gone?
Oh where,
oh where can she be?
With her ears so short,
And her tail so long,
I think she's under the rug!
MEOW!

Oh where, oh where
Has my little cat gone?
Oh where,
oh where can she be?
With her ears so short,
And her tail so long,
I think she's driving the car!
CRASH!

Oh where, oh where
Has my little cat gone?
Oh where,
oh where can she be?
With her ears so short,
And her tail so long,
I think she went out to sea!
AHOY!

Oh where, oh where
Has my little cat gone?
Oh where,
oh where can she be?
With her ears so short,
And her tail so long,
Oh where,
Can she be?
MEOW!

Song to Accompany Story 2

Ma chatonne *(My Kitten)*

[Sung to the tune of "The Cat and the Rat" (French Folk Song)]

Ma chatonne est une chatte affamée.
Elle aime manger des bananes.
Elle grimpe là-haut dans les arbres en feuilles,
Et dévore les bananes d'un seul coup.

My kitten is a hungry cat.
She likes to eat bananas.
She climbs up into leafy trees,
And gobbles them right down.

Croc, croc, croc, croc,
Elle aime manger des bananes.
Croc, croc, croc, croc,
Elle dévore les bananes d'un seul coup.

Munch, munch, munch, munch,
She likes to eat bananas.
Munch, munch, munch, munch,
She gobbles them right down.

Ma chatonne est un chatte affamée.
Elle aime manger des pommes vertes.
Elle grimpe là-haut dans les arbres en feuilles,
Et dévore les pommes vertes d'un seul coup.

My kitten is a hungry cat.
She likes to eat green apples.
She climbs up into leafy trees,
And gobbles them right down.

Croc, croc, croc, croc,
Elle aime manger des pommes vertes.
Croc, croc, croc, croc,
Elle dévore les pommes vertes d'un seul coup.

Munch, munch, munch, munch,
She likes to eat green apples.
Munch, munch, munch, munch,
She gobbles them right down.

Ma chatonne est un chatte affamée.
Elle aime manger des oranges fraîches.
Elle grimpe là-haut dans les arbres en feuilles,
Et dévore les oranges d'un seul coup.

My kitten is a hungry cat.
She likes to eat fresh oranges.
She climbs up into leafy trees,
And gobbles them right down.

Croc, croc, croc, croc,
Elle aime manger des oranges fraîches.
Croc, croc, croc, croc,
Elle dévore les oranges d'un seul coup.

Munch, munch, munch, munch,
She likes to eat fresh oranges.
Munch, munch, munch, munch,
She gobbles them right down.

Song to Accompany Story 3

Chiens roses et vaches bleues *(Pink Dogs and Blue Cows)*

[Sung to the tune of "My Bonnie Lies Over the Ocean"]

Je ne croyais jamais qu'il existait
  des chiens roses.
Ce sont des choses
  bizarres à voir.
Je ne croyais jamais qu'il existait
  des chiens roses.
Mais celui-là me regarde fixement.

I never believed there were
  pink dogs.
They are such a strange
  sight to see.
I never believed there were
  pink dogs,
But that one is staring at me.

Ouâ, ouâ, ouâ, ouâ,
Le regard d'un chien rose m'amuse
  —MAINTENANT!
Ouâ, ouâ, ouâ, ouâ,
Un chien rose me regarde fixement.

Ruff, ruff, ruff, ruff,
A pink dog is staring at me
  —RIGHT NOW!
Ruff, ruff, ruff, ruff,
  A pink dog is staring at me.

Je ne croyais jamais qu'il existait des vaches bleues.	I never believed there were blue cows.
Ce sont des choses bizarres à voir.	They are such a strange sight to see.
Je ne croyais jamais qu'il existait des vaches bleues.	I never believed there were blue cows,
Mais celle-là me regarde fixement.	But that one is staring at me.
Meu-meu, meu-meu,	Moo, moo, moo, moo,
Le regard d'une vache bleue m'amuse	A blue cow is staring at me
—MAINTENANT!	—RIGHT NOW!
Meu-meu, meu-meu,	Moo, moo, moo, moo,
Une vache bleue me regarde fixement.	A blue cow is staring at me.
Je ne croyais jamais aux chevaux tout verts.	I never believed there were green horses.
Ce sont des choses bizarres à voir.	They are such a strange sight to see.
Je ne croyais jamais aux chevaux tout verts.	I never believed there were green horses.
Mais celui-là me regarde fixement.	But that one is staring at me.
Hi hi hi, hi hi hi,	Neigh, neigh, neigh, neigh,
Le regard du cheval vert m'amuse	A green horse is staring at me
—MAINTENANT!	—RIGHT NOW!
Hi hi hi, hi hi hi,	Neigh, neigh, neigh, neigh,
Un cheval vert me regarde fixement.	A green horse is staring at me.

Song to Accompany Story 4

Flic flac *(Drip Drop)*

[Sung to the tune of "Little Bird at My Window" (German Folk Song)]

Flic flac. Flic flac.	Drip drop. Drip drop.
Flic flac. Flic flac.	Drip drop. Drip drop.
Viens voir par ma fenêtre.	Come and look out my window.
Vois-tu ce que je vois?	Do you see what I see?
Je vois cinq gouttelettes de pluie	I see five little raindrops,
Qui me font un clin d'oeil.	Winking back at me.
[*Repeat with* quatre gouttelettes de pluie, *then* trois, *then* deux gouttelettes de pluie.]	[Repeat with *four little raindrops*, then *three*, then *two little raindrops*.]
Viens voir par ma fenêtre.	Come and look out my window.
Vois-tu ce que je vois?	Do you see what I see?
Je vois une gouttelette de pluie	I see one little raindrop,
Qui me font un clin d'oeil.	Winking back at me.
Viens voir par ma fenêtre.	Come and look out my window.
Vois-tu ce que je vois?	Do you see what I see?
Le soleil remplit le ciel	There's a sky full of sunshine,
Qui clignote pour moi.	Winking back at me.
Jouons!	Let's play!

Je cherche *(I'm Looking)*
[Sung to the tune of "Loop-ty Loo"]

Je cherche mon chaton.	*I'm looking for my kitten.*
Je cherche mon livre.	*I'm looking for my book.*
Je cherche mes crayons.	*I'm looking for my pencils.*
Je ne sais pas où chercher.	*I don't know where to look.*
Lundi, mardi, mercredi—	*Monday, Tuesday, Wednesday,*
Quel que soit le jour que je choisis.	*Any day I choose.*
Jeudi, vendredi, samedi,	*Thursday, Friday, Saturday,*
Avant dimanche il y a	*By Sunday there's*
quelque chose que je perds.	*something I lose.*
Je cherche ma tortue.	*I'm looking for my turtle.*
Je cherche mon ballon.	*I'm looking for my ball.*
Je cherche mes craies à dessiner.	*I'm looking for my crayons.*
Je ne les vois point.	*I don't see them at all.*
[Repeat chorus.]	[Repeat chorus.]
Je cherche mes mitaines.	*I'm looking for my mittens.*
Je cherche mes chaussures.	*I'm looking for my shoes.*
Je cherche mon frère.	*I'm looking for my brother.*
Que puis-je bien perdre encore?	*What else can I lose?*
[Repeat chorus.]	[Repeat chorus.]

Le printemps, l'été, l'automne, l'hiver
(Spring, Summer, Fall, Winter)
[Sung to the tune of "The More We Get Together" (German Folk Song)]

J'ai donné à ma maman un cadeau,	*I gave my mom a present,*
Un cadeau, un cadeau.	*A present, a present.*
J'ai donné à ma maman un cadeau,	*I gave my mom a present*
Parce que c'était le printemps.	*Because it was spring.*
Je lui ai donné des fleurs,	*I gave her some flowers,*
Marguerites et roses.	*Some daisies and roses.*
J'ai donné à ma maman un cadeau,	*I gave my mom a present*
Parce que c'était le printemps.	*Because it was spring.*
J'ai donné à ma maman un cadeau,	*I gave my mom a present,*
Un cadeau, un cadeau.	*A present, a present.*
J'ai donné à ma maman un cadeau,	*I gave my mom a present*
Parce que c'était l'été.	*Because it was summer.*
Je lui ai donné des fruits,	*I gave her some peaches,*
Pêches et cerises.	*Some cherries, some berries.*
J'ai donné à ma maman un cadeau,	*I gave my mom a present*
Parce que c'était l'été.	*Because it was summer.*

J'ai donné à ma maman un cadeau,	*I gave my mom a present,*
Un cadeau, un cadeau.	*A present, a present.*
J'ai donné à ma maman un cadeau,	*I gave my mom a present*
Parce que c'était l'automne.	*Because it was fall.*
Je lui ai donné des feuilles,	*I gave her some leaves,*
Rouges et oranges.	*Some red leaves, some orange leaves.*
J'ai donné à ma maman un cadeau,	*I gave my mom a present*
Parce que c'était l'automne.	*Because it was fall.*
J'ai donné à ma maman un cadeau,	*I gave my mom a present,*
Un cadeau, un cadeau.	*A present, a present.*
J'ai donné à ma maman un cadeau,	*I gave my mom a present*
Parce que c'était l'hiver.	*Because it was winter.*
Je lui ai donné des boules de neige,	*I gave her some snowballs,*
Grandes et petites.	*Some big ones, some small ones.*
J'ai donné à ma maman un cadeau,	*I gave my mom a present*
Parce que c'etait l'hiver.	*Because it was winter.*

Song to Accompany Story 7

Un chat, deux chats *(One Cat, Two Cats)*

[Sung to the tune of "Where Is Thumbkin?"]

Un chat, deux chats.	*One cat, two cats,*
Vois notre nouveau chat.	*See our new cat.*
Regarde, il joue!	*Watch him play.*
Quelle journée!	*What a day!*
Il court dans la cuisine.	*He runs around the kitchen.*
Il court dans la chambre à coucher.	*He runs around the bedroom.*
Ah, quelle joie!	*Oh, what fun!*
Regarde-le courir!	*See him run!*
[Repeat chorus.]	[Repeat chorus.]
Il court dans la salle de bains.	*He runs around the bathroom.*
Il court dans la chambre à jouer.	*He runs around the playroom.*
Ah, quelle joie!	*Oh, what fun!*
Regarde-le courir!	*See him run!*
[Repeat chorus.]	[Repeat chorus.]
Il court dans le grande ville.	*He runs around the city.*
Il a l'air très joli.	*He looks so very pretty.*
Ah, quelle joie!	*Oh, what fun!*
Regarde-le courir!	*See him run!*
Regarde-le courir!	*See him run!*

Ma fête *(My Party)*

[Sung to the tune of "El coquí" (Puerto Rican Folk Song)]

Nous voici à la fête,	*Here we are at the party,*
Nous ne pouvons être plus heureux.	*We're as happy as can be.*
Nous voici à la fête,	*Here we are at the party.*
Et tous mes amis sont avec moi.	*And all of my friends are with me.*
Voici la chatte.	*Here's the cat.*
Elle porte un chapeau.	*She's wearing a hat.*
Nous voici à la fête,	*Here we are at the party,*
Nous ne pouvons être plus heureux.	*We're as happy as can be.*
Nous voici à la fête,	*Here we are at the party.*
Et tous mes amis sont avec moi.	*And all of my friends are with me.*
Voici le serpent.	*Here's the snake.*
Il mange encore du gâteau.	*He's eating more cake.*
Voilà la chatte.	*There's the cat.*
Elle porte un chapeau.	*She's wearing a hat.*
Nous voici à la fête,	*Here we are at the party,*
Nous ne pouvons être plus heureux.	*We're as happy as can be.*
Nous voici à la fête,	*Here we are at the party.*
Et tous mes amis sont avec moi.	*And all of my friends are with me.*
Voici le cochon.	*Here's the pig.*
Il danse une gigue.	*He's dancing a jig.*
Voilà le serpent.	*There's the snake.*
Il mange encore du gâteau.	*He's eating more cake.*
Voilà la chatte.	*There's the cat.*
Elle porte un chapeau.	*She's wearing a hat.*
Nous voici à la fête,	*Here we are at the party,*
Nous ne pouvons être plus heureux.	*We're as happy as can be.*
Nous voici à la fête,	*Here we are at the party.*
Et tous mes amis sont avec moi.	*And all of my friends are with me.*
Voici le cheval.	*Here's the horse.*
Il chante, bien entendu.	*He's singing, of course.*
Voilà le cochon.	*There's the pig.*
Il danse une gigue.	*He's dancing a jig.*
Voilà le serpent,	*There's the snake.*
Il mange encore du gâteau.	*He's eating more cake.*
Voilà la chatte.	*There's the cat.*
Elle porte un chapeau.	*She's wearing a hat.*
Nous voici à la fête,	*Here we are at the party,*
Nous ne pouvons être plus heureux.	*We're as happy as can be.*
Nous voici à la fête,	*Here we are at the party.*
Et tous mes amis sont avec moi.	*And all of my friends are with me.*

English/French Picture Dictionary

Here are some of the people, places, and things that appear in this book.

apple
la pomme

bedroom
la chambre à coucher

bakery
la boulangerie

book
le livre

banana
la banane

brother
le frère

bathroom
la salle de bains

cake
le gâteau

car
la voiture

cat
la chatte

cows
les vaches

dad
le papa

ears
les oreilles

fall
l'automne

fire
l'incendie

firehouse
la caserne de pompiers

fish
les poissons

flowers
les fleurs

grapes
le raisin

ice cream
la glace

grocery store
l'épicerie

kitchen
la cuisine

hat
le chapeau

kitten
le chaton

horses
les chevaux

leaves
les feuilles

hotel
l'hôtel

library
la bibliothèque

living room
le salon

mom
la maman

oranges
les oranges

party
la fête

people
les gens

pig
le cochon

pond
l'étang

post office
le bureau de poste

present
le cadeau

shoes
les chaussures

sister
la soeur

snake
le serpent

snow
la neige

spring
le printemps

summer
l'été

tail
la queue

town
la ville

trees
les arbres

turtle
la tortue

winter
l'hiver

Word List

a
à
affichons
aide
aider
aime
aller
allons
alors
appelle
apportons
arbres
arrive
au
aucun
aussi
automne
avec
aventures
avertissez
avons
banane
bas
beaucoup
beaux
belle
besoin
bibliothèque
bien
blanche
bon
bonjour
bonne
bonnes
bords
boulangerie
bras
bureau
ça
caserne
ce
ces
cette
chambre
chance
chat
chaton
chats

chatte
cherche
cherchent
chercher
cherchons
chez
choses
cinq
commencer
comment
compte
coucher
courant
court
cuisine
dans
de
dedans
dehors
déjà
demande
désespérer
dessin
dessins
deux
dimanche
disent
dit
dix
du
eau
également
elle
en
encore
épicerie
es
espoir
est
et
étang
été
faim
faisons
fait
famille
faut
fête

fêtes
feu
feuilles
feutre
fleurs
font
foyer
frère
garde
gâteau
gens
glace
grande
grosse
haut
hé
heure
heures
heureuse
heureux
hiver
hôtel
hui
huit
idée
il
ils
incendie
jardin
je
Jean
jeudi
joue
là
le
les
leur
lit
lundi
ma
maintenant
mais
maison
maman
manger
manque
mardi
Marie

merci
mercredi
mignon
moi
monsieur
morceau
ne
neige
neuf
Nicolas
noire
non
notre
nourriture
nous
nouveau
on
orange
ou
où
oui
papa
partout
pas
perdue
personne
petite
peut
peux
poissons
pomme
pompiers
porte
poste
pour
pouvez
prendre
préparons
prie
Princesse
Princesses
printemps
pris
quatre
que
quelle
qui
raisin

recherche
redescend
réfléchit
regarde
regardez
regrette
reprennent
ressemble
rien
rose
sa
sais
sait
salle
salon
samedi
saute
savez
se
semaine
sept
service
si
six
soeur
soif
soir
sommes
son
souris
sourit
souvenirs
sur
sûr
ta
toi
toujours
tour
tout
toute
tremper
trois
trouve
trouver
tu
un
une
va

vendredi
veux
viens
ville
vivent
voilà
voit
vont
votre
voudrais
vous
voyez
voyons
vrai
y

a besoin de
à votre
   service
a-t-il
aujourd'hui
bien sûr
chambre à
   coucher
d'accord
de-ci
de-là
elle s'appelle
est-ce que
je t'en prie
là-bas
malheureuse-
   ment pas
par-ci
par-là
peut-être
porte dans les
   bras
quelqu'un
salle de bains
vivent les
   fêtes